Edouard Manet
VIAGEM AO RIO

Edouard Manet

VIAGEM AO RIO

Cartas da Juventude

1848-1849

TRADUÇÃO E APRESENTAÇÃO

Jean Marcel Carvalho França

2ª edição

JOSÉ OLYMPIO
EDITORA

Direitos desta edição da
EDITORA JOSÉ OLYMPIO LTDA.
Todos os direitos reservados.
Rua Argentina, 171 — 1º andar — São Cristóvão
20921-380 — Rio de Janeiro, RJ — República Federativa do Brasil
Printed in Brazil / Impresso no Brasil

Atendemos pelo Reembolso Postal

ISBN 978-85-03-00720-7

Design e pesquisa iconográfica	VICTOR BURTON
Diagramação	ANGELO ALLEVATO BOTTINO
Reproduções fotográficas	JAIME ACIOLI (p. 84)
	PEDRO OSWALDO CRUZ (p. 93)
	RAUL LIMA (pp. 1-4, 78-79, 81, 86-87, 91, 98 e 104-105)
	RÔMULO FIALDINI (pp. 70-71 e 74-75)
	VICENTE DE MELLO (p. 101)
Página 1	JOAQUIM LOPES DE BARROS CABRAL
	Marinheiro — Nº 17, *circa 1840-41, litografia aquarelada, Coleção Gilbeto Ferrez, Rio de Janeiro.*
Páginas 2 e 3	WARRE
	Morro da Bica da Rainha, Morro do Corcovado, Arsenal de Guerra, Sé velha, Hospital Militar, Morro do Castello, Garganta da Tijuca, Pico pequeno d'Andarahy, Convento de S. Antonio, Pico grande d'Andarahy, Palacio e Capela Imperial, Igreja da Candelaria, *1840, litografia aquarelada, Fundação Biblioteca Nacional, Rio de Janeiro.*
Página 4	LÉON JEAN-BAPTISTE SABATIER
	Rio-Janeiro, *circa 1843, litografia, Coleção Gilberto Ferrez, Rio de Janeiro.*

A editora agradece às instituições públicas e aos colecionadores particulares cujas obras estão reproduzidas neste livro: Biblioteca Guita e José Mindlin, Coleção Maria Cecília e Paulo Fontainha Geyer / Museu Imperial — Petrópolis, Fundação Biblioteca Nacional — Rio de Janeiro, Coleção Gilberto Ferrez, Museus Castro Maya — Rio de Janeiro.

Índice

Nota introdutória
9

Cartas de Edouard Manet (1848-1849)
15

Desenhos de Edouard Manet
107

Cronologia
123

Indicações bibliográficas
125

Edouard Manet
Autoportrait à la palette, *circa 1879, óleo sobre tela,
coleção particular, Nova York.*

Nota introdutória

EDOUARD MANET (1832-1883), um dos pintores mais importantes do século XIX, dispensa apresentação. Incontáveis são os livros que, com mais ou menos simpatia, narram em detalhes sua polêmica e controversa trajetória nas artes plásticas francesas, seu final de vida amargo e o reconhecimento tardio do seu trabalho inovador. O Manet que nos importa aqui conhecer, no entanto, é um jovem estudante de 17 anos que, exceto pelo seu precoce pendor para o desenho, ainda está muito distante dos salões de arte da capital francesa.

Em 1848, esse adolescente inquieto, filho de uma abastada família de magistrados parisienses, depois de passar alguns anos no rigoroso Collège Rollin e de muito debater com o pai acerca da profissão que deveria seguir — o senhor Manet queria ver o filho não pintor, mas magistrado —, resolveu aventurar-se pela carreira marítima. Fracassada, porém, uma primeira tentativa de ingresso na Escola Naval, em 1848, o rapaz engajou-se, em finais do mesmo ano, no navio-escola *Havre et Guadeloupe*, uma embarcação de quatro mastros, que estava em vias de partir do porto do Havre com destino ao Rio de Janeiro. Durante a viagem, o candidato a marinheiro pretendia preparar-se melhor para prestar novamente, no início de 1850, as provas de admissão da prestigiada escola.

A viagem, narrada dia a dia por Manet em cartas remetidas aos familiares, teve início em novembro de 1848. Conta-nos o jovem que logo nos primeiros dias em alto-mar o navio enfrentou uma violenta tempestade, e tanto aprendizes quanto professores padeceram com o enjôo provocado pela instabilidade da embarcação. A intempérie e a indisposição, todavia, não duraram muito, e a travessia, como o leitor poderá constatar, acabou por não ser das mais desagradáveis, permitindo inclusive que a tripulação comemorasse a bordo, com muita comilança, bebedeira e cantoria, o Natal de 1848 e a entrada do ano de 1849. Em fevereiro deste ano, depois de quase três meses de viagem e duas tentativas frustradas de ancoragem — na ilha da Madeira e em Santa Cruz de Tenerife —, o *Havre et Guadeloupe* finalmente lançou ferros na baía de Guanabara.

O futuro pintor pôde, então, conhecer a cidade que, desde o desembarque de D. João VI, em 1808, vinha se europeizando em ritmo crescente e se gabava de ser muitas vezes chamada de a *Paris dos trópicos*. Desacostumado, porém, com as rudezas do Novo Mundo e alheio às grandes transformações pelas quais passara o *modus vivendi* do carioca durante as quatro primeiras décadas do século XIX, o requintado parisiense não chegou a ver lá muitas semelhanças com a sua terra natal. Nas cinco cartas que remeteu aos seus familiares descrevendo a capital do Império, é perceptível que o Rio de Janeiro, com suas ruas estreitas, seus palanquins, suas mulheres penteadas *à chinesa* e seu largo contingente de negros, lhe pareceu antes um misto entre as cidades do Oriente e da África.

Tais epístolas, é verdade, não traçam um panorama muito amplo da urbe, sobretudo em se tratando do Rio oitocentista, acerca do qual dispomos de descrições extremamente detalhadas, como as de Luccock, Freycinet, Debret, Denis, Rugendas e Walsh, para ficarmos nuns poucos nomes.[1] Há de se ter em conta, entretanto, que Manet é uma das personalidades mais importantes que pisaram o solo carioca ao longo do século

1 · *Para que o leitor interessado disponha de elementos para comparação, incluímos na Bibliografia quatro relatos de franceses que passaram pelo Rio de Janeiro na mesma época que Manet.*

XIX e que sua passagem pelos trópicos, como destacam muitos especialistas, deixou marcas profundas na sua visão de mundo e influenciou significativamente sua pintura, sobretudo no que tange ao uso da cor e da luz.² Para mais, sua descrição da travessia do Atlântico é bastante ilustrativa do que eram as longas viagens marítimas do século XIX, e as referidas notas que deixou sobre a cidade do Rio de Janeiro, malgrado algumas imprecisões — comuns entre os estrangeiros que nos visitaram nesse período —, estão longe de serem desprovidas de sensibilidade, de senso de observação e, especialmente, de interesse histórico.

2 — *Há grande controvérsia sobre o tema. Os brasileiros que comentaram a viagem de Manet ao Rio, A. Taunay, Antônio Bento e Agripino Grieco, movidos por um aceso nacionalismo, tenderam a valorizar desmedidamente tal influência.*

j'ai bien dormi cette nuit... aujourd'hui
mercredi; nous avons dans ce moment-ci
l'orage, pendant [qu'on] parle d'orainage de
... nous sommes dans le dernier bas[sin]
en attendant d'un bon vent cela ne nous [fait]
long à nous; nous ferons nos récréation[s]
monter dans la mature ce qui pe[ut]
nous rendre très agiles.

La nourriture ne laisse rien à désirer.
aujourd'hui nous donne ont [omelette?] [...]
de viande et du dessert à chaque rep[as]
on nous a permis d'aller à terre auj[ourd'hui]
jusqu'à huit heures du soir, avec
un plaisir je t'assure;

Jeudi.

Chère Maman.

Je commence à m'habituer au hamac
j'ai bien dormi cette nuit. j'espère avoir peu
pour rien ; nous avons dans ce moment ci un certain
tangage, pourtant par le d'arrimage de *Jeanne*
car nous sommes dans le dernier bassin Vauban
en attendant d'un bon vent cela ne m'a paraît bien
long à Nans ; nous faisons nos récréations à
monter dans la mâture ce qui permet de
nous rendre très agiles.

La nourriture ne laisse rien à désirer, Dans
ce qu'on nous donne on met de emplâtre
de viande et du dessert à chaque repas.

On nous a permis d'aller à terre aujourd'hui
jusqu'à huit heures du soir, nous Dumudans
avec plaisir je t'assure,

On avant de nous donner un certain air
militaire en plaçant abord un homme
de quart armé d'un sabre et d'un fusil. c'est
aussi une mesure de sûreté, comme chez lui
au permission de quitter le bord.

Sábado, a bordo do navio
Havre et Guadeloupe

Querida mamãe,
lamento que não tenhas me acompanhado até o Havre,[3] mas ao menos evitamos uma nova separação e novas despedidas, sempre tão dolorosas. Se tivesses vindo, terias visto o nosso magnífico navio — não poderíamos estar melhor instalados. Encontramos a bordo não somente o necessário mas também algum luxo, o que certamente consolou e tranqüilizou as po-

3 — *Cidade portuária do norte da França, situada na embocadura do Sena, na região da alta Normandia.*

PÁGINA 16:
EDOUARD MANET
Le Pont d'un
bateau, *circa 1860*,
The National
Gallery of Victoria,
Melbourne.

bres mamães que vieram trazer as suas crianças. Passei todo o dia arrumando as minhas coisas no meu compartimento, onde se encontram 36 leitos. Acomodei-me numa rede, e Maindreville, numa das camas.

Se partiremos amanhã não posso te dizer, mas todos embarcarão às quatro horas. Estaremos prontos, aguardando um vento favorável. Esta manhã fomos todos preencher as formalidades legais da marinha e inscreveram-nos como marinheiros. Há 26 homens a bordo, entre os quais um cozinheiro e um camareiro negro. Temos ainda na embarcação um belo salão, onde colocaram um piano.

Adeus, querida mamãe, parto contente, ainda que lamentando separar-me de ti. Espero que as novas levadas pela senhora Maindreville possam deixar-te completamente tranqüila. O conforto que ora desfrutamos chega a espantar-me.

Manda lembranças minhas a meus irmãos, a Edmond, a todos os meus amigos, e não te esqueças de vovó.

Adeus, querida mamãe, um abraço terno.

Teu filho respeitoso,
Edouard M

Fiquei sensibilizado com a gentileza de Jules Munich, que veio despedir-se de mim na estação de trem.

Quinta-feira

Querida mamãe,
começo a habituar-me com a rede e dormi bem esta noite, o que ontem me tinha sido impossível. Passamos a sentir um pouco de balanço,

em virtude da proximidade do mar. Alcançamos a última bacia e pusemo-nos à espera de um bom vento, espera que nos tem parecido bem longa. Gastamos o tempo de recreação subindo nos mastros, o que provavelmente me tornará bastante ágil.

A alimentação não deixa nada a desejar, tudo o que nos dão é excelente: dois pratos de carne e sobremesa em todas as refeições. Hoje, foi-nos permitido permanecer em terra até as 8 horas da noite. Asseguro-te que desembarcamos com prazer.

Quiseram nos dar um ar mais militar, por isso colocaram a bordo um guarda armado com sabre e fuzil. Trata-se, também, de uma medida de segurança, pois com isso evita-se que alguém desembarque.

Tuas duas cartas, querida mamãe, deixaram-me muito contente. Esperava-as ansiosamente e prometo que não esquecerei dos teus conselhos.

Adeus, querida mamãe, um abraço terno. Lembranças minhas a meus irmãos, a Jules, a Paul, a todos os meus primos, a Sophie e a minha criada.

Teu filho respeitoso,\
Edouard

Estamos todos com o uniforme da marinha: quepe, camisa de moletom, blusa curta e calça de linho; o conjunto cai muito bem. Todos os dias, sobre o cais, uma centena de basbaques vêm nos observar.

Para que saibas o que fazemos diariamente, envio-te uma ordem do dia: 7 e meia, fazer a cama e inspeção; até as 9 horas, recreação; às 9 horas, almoço; das 10 ao meio-dia, aulas; às 2 horas, aulas; às 4 horas, jantar; das 6 às 8 horas, estudos. Até as 10 horas, temos de nos recolher, pois, após as 10, não pode ficar nenhuma luz acesa a bordo.

Sexta-feira

Querida mamãe,

venho dizer-te um último adeus, pois partiremos amanhã às 9 horas.⁴ Esta tarde preparamos todas as velas e acertamos os últimos detalhes. Faltam-nos somente os carneiros e porcos, que embarcaremos pouco antes de partir. Papai, amanhã, deve vir a bordo despedir-se de mim. Estou contente de tê-lo comigo até a hora da partida. Ele foi tão bom para mim durante a nossa permanência aqui!

Teremos um tempo magnífico para a nossa partida; o mar promete estar belíssimo. Estamos ansiosos para zarpar, embora não pudéssemos estar mais bem atendidos. Há a bordo, para nos servir, quatro pobres grumetes e dois aprendizes, os quais são tratados a socos e pontapés; o que, asseguro-te, os torna extremamente obedientes. O camareiro, que, como já te disse, é negro, está encar-

4 ⁓ *O navio-escola* Havre et Guadeloupe *deixou o porto de Havre na manhã do dia 8 de dezembro de 1848.*

regado da educação desses pobres e não os poupa de umas boas surras quando saem da linha. Não temos, por enquanto, exercido o nosso direito de bater-lhes, pois aguardamos uma ocasião especial. O médico do navio embarcou hoje. Trata-se de um homem gordo, com um ar bastante simpático.

Adeus, querida mamãezinha, abraço-te muito ternamente, assim como a meus irmãos, a Edmond etc., e a vovó, se ela ainda estiver em Paris. Manda lembranças a Jules, Paul e a minha amiga senhora Baudoin, que muito te consolará durante a minha ausência.

Embarcamos uma iole[5] encantadora para darmos alguns passeios pela baía do Rio de Janeiro. Lamento muito que tu não tenhas visto o nosso navio, a embarcação mais bonita e elegante do Havre. Temos recebido mais do que o prometido e não há nenhum motivo de reclamação. Adquirimos anzol e linha para pescarmos tubarões e outros peixes.

5 *Canoa estreita, leve e ligeira, propícia para os esportes náuticos.*

Os oficiais, ainda que severos, são bastante camaradas. De resto, devemos nos portar bem, pois estamos submetidos às mesmas regras que os marujos, ou seja, se fizermos alguma besteira, seremos colocados a ferros. Tal determinação, asseguro-te, fará com que todos reflitam bem antes de agir.

Adeus uma vez mais.

Teu filho respeitoso,
Edouard Manet

Sexta-feira, 22 de dezembro,
a bordo do Havre et Guadeloupe

Querida mamãe,

finalmente posso pegar a pena para escrever-te e compartilhar tudo o que fizemos desde a nossa partida. Gostaria de ter escrito todos os dias, mas o enjôo e o tempo ruim me impediram, o que doravante não ocorrerá.

Ao deixar o Havre, hasteamos o pavilhão ao som de dois tiros de canhão e preparamos uma barulhenta despedida da multidão que se aglomerou no molhe para ver a partida. O tempo estava magnífico, e o mar, encantador. Não passei mal durante todo este dia, o que me deixou bastante orgulhoso, dado que vi quase todos os meus camaradas debruçados sobre os filaretes. Às 8 horas da noite, avistamos o farol de Harfleur.[6] Depois disso, não vimos mais terra. Deixo de lado os três ou quatro dias que se seguiram, pois estive terrivelmente enjoado. O tempo tornou-se medonho. É inimaginável, para quem não viu o mar agitado como o vimos, conceber o que são as montanhas de água que envolvem e encobrem quase todo o navio com um único golpe ou o que é o barulho do vento sibilando no cordame, vento por vezes

6 — *Cidade costeira francesa, situada na região da alta Normandia.*

tão intenso que obriga a recolher todas as velas. Confesso que, nesses momentos difíceis, senti muita falta do aconchego da casa paterna.

Nossa saída da Mancha foi bem executada, mas os ventos contrários empurraram-nos para a altura da costa da Irlanda, desviando-nos em muito da rota. Aí, como te contei, conhecemos o oceano em toda a sua cólera, experiência que ao menos levou quase todos a se habituarem com o constante balanço do navio. Tenho a sensação de ter embarcado há meses. Que vida monótona esta de marinheiro! Todos os dias o céu e o mar, todos os dias a mesma coisa; é estúpido. O pior é que estamos impedidos de desenvolver qualquer atividade, pois os professores estão doentes e, em razão da intensidade do balanço provocado pelas ondas, não podemos permanecer na entrecoberta. Às vezes, durante o jantar, caímos uns sobre os outros e na queda arrastamos os pratos que se encontram sobre a mesa. Quando teremos bom tempo? Todos aguardam ansiosos, mas as respostas que obtemos são sempre vagas e reafirmam que nada se pode esperar nem do vento nem do mar. Enfim, na noite do dia 15 para o 16, o vento virou, mudamos de bordo e tomamos o bom caminho.

Sábado, 16 de dezembro

O tempo está excelente. Às 7 horas da manhã, recebemos ordens de subir nos cordames e pendurar a roupa lavada para secar. Às 8 e meia, tivemos de trazer para a ponte as redes e as camas, para que tomassem ar — coisa que era bem necessária. Por fim, veio a ordem que cumprimos com mais gosto: lavamos de cima a baixo o nosso alojamento, o que nos causou um grande alívio.

Sempre que lá descíamos, o nosso coração entrava em sobressalto, pois era um lugar infecto.

Durante o dia, fomos classificados por mastros, como nos navios de guerra. Estou entre os gajeiros do mastro do traquete. Esperamos tirar dessas atividades práticas alguns conhecimentos matemáticos, por isso temos nos dedicado a elas com afinco.

Domingo, 17 de dezembro

O vento mudou uma vez mais durante a noite, um noite, por sinal, pavorosa. Um pobre marujo foi atingido na cabeça por uma roldana, acidente que não o impediu de trabalhar normalmente no dia seguinte. Essa gente é mesmo espantosa: estão sempre felizes e de bom humor, não obstante a dureza da sua profissão. Ora, convenhamos, não é fácil manter o sorriso no rosto quando estamos dependurados numa vara — por vezes estreita como uma lâmina — e trabalhando noite e dia, faça chuva ou faça sol. De resto, a maioria deles detesta a profissão.

À noitinha, durante o jantar, tivemos champanhe — uma garrafa para seis pessoas —, e o comandante veio confraternizar conosco. Bebemos à sua saúde e à saúde do estado-maior. Estamos todos encantados com o senhor Besson, homem sempre muito polido e amável, mas que sabe preservar a dignidade de seu cargo e fazer-se respeitar. O mesmo não se pode dizer do imediato, um verdadeiro selvagem, um lobo-do-mar que trata a todos com a maior dureza e não hesita em dar uns safanões em quem estiver à mão.

Durante a noite, logo depois do jantar, reunimo-nos no tombadilho e cantamos corais, cançonetas etc. Temos alguns músicos a bordo, entre os quais um jovem passageiro de 25 anos, companheiro de viagem. Trata-se de um bom rapaz, uma espécie de camarada. Iremos aprender a cantar pelo método de Whilem. Começaremos as lições, segundo as determinações do comandante, tão logo alcancemos as terras quentes.

Segunda-feira, 18

O tempo continua péssimo, e o mar, muito grosso. Apesar disso, conseguimos avançar a uma velocidade de sete a oito nós por hora, o que não é nada mau. Estamos na altura do golfo da Gasconha.[7]

O comandante se diverte atirando nos pássaros do mar, e já matou uma *malva*, um grande pás-

7 *Golfo do Atlântico que banha as costas da França e da Espanha.*

saro branco, que certamente deves ter visto na costa da Bolonha. Temos autorização somente para olhar. É impressionante como se encontram pássaros de espécies variadas (gaivotas, mergulhões etc.) tão longe da costa.

Terça-feira, 19

Finalmente temos um tempo magnífico. Iniciamos hoje as aulas. Tudo está correndo bem, apesar do balanço do navio, que não nos deixa escrever direito. Estávamos ansiosos para começar os estudos. É demasiado enfastiante passar o dia todo na ponte sem fazer absolutamente nada.

Avançamos muito durante a noite e estamos na altura da costa da Espanha. Caso o vento permaneça como está, alcançaremos a ilha da Madeira em seis ou sete dias. Infelizmente, não desembarcaremos lá; contentar-nos-emos em enviar uma chalupa à terra, por meio da qual remeterei minhas cartas. Talvez consigamos saber o nome do novo presidente da França. Suponho que devas estar bastante inquieta com a situação em Paris.[8] Ainda que não estejamos em guerra civil, tudo é de fato muito preocupante. Se não conseguirmos obter nenhuma notícia na Madeira, só o conseguiremos daqui a um mês e meio, quando desembarcarmos no Rio de Janeiro.

O doutor pôs hoje umas linhas para pegar uns atuns, mas foi em vão. É inacreditável a isca utilizada para apanhá-los. Amarra-se, na ponta de uma corda bem resistente, uma garrafa lacrada com uma rolha vermelha e junta-se a isto um anzol de tamanho razoável. Pelo que dizem, a garrafa exerce enorme fascínio sobre os peixes.

8 Manet refere-se às movimentações políticas que culminaram na nomeação de Luís Napoleão — Napoleão III, depois da dissolução da Assembléia e da restauração do Império (1851) — como presidente da República Francesa.

Quarta-feira, 20

O vento mudou uma vez mais, o tempo está ruim e, como se não bastasse, em vez de pão, que se encontra racionado, deram-nos biscoitos no café da manhã, biscoitos horríveis. Durante o almoço e o jantar recebemos um pequeno pedaço de pão e biscoitos; estamos todos furiosos. Não te surpreendas com isso. Vocês parisienses não fazem idéia do que é o biscoito do mar e, sobretudo, não fazem idéia do que é ter de comê-los em todas as refeições.

Pergunte a Paul qual a opinião dele sobre o tema. Quanto a mim, estou tratando de estocar pedaços de pão. Surrupio alguns sempre que posso e os escondo no meu compartimento. Asseguro-te que a bordo não se perde absolutamente nada.

Maindreville não consegue se adaptar à vida no mar e nem mesmo suportá-la. Há dois outros rapazes que também não conseguirão se habituar. Os pobres coitados permanecem o dia inteiro deitados. É inacreditável, mas todos os marujos estão doentes. Logo eles, que são tão metidos a espertalhões e se gabam de serem verdadeiros lobos-do-mar.

Anuncia-se uma noite ruim e o navio está metendo muita água, mas, por sorte, isso não nos impede de dormir.

Quinta-feira, 21

A chuva, se isto é possível, é ainda mais entediante no mar do que em terra. Creio que seremos obrigados a permanecer o dia todo na entrecoberta. Esta manhã, não tivemos aula de matemática, pois o professor estava enjoado.

Agora, querida mamãe, estamos com o dia tão organizado, ao ponto de poder dizer-te, hora a hora, tudo o que fazemos. Às 6 e meia, despertamos e subimos todos ao tombadilho, para nos submetermos à inspeção do oficial de quarto; às 8 horas, café da manhã; entre as 8 e meia e quinze para as 10, estudo; entre 15 para as 10 e 10 horas, recreação; às 10 horas, tem início a aula de matemática do grupo de bombordo (pertenço a esse grupo); às 11 e meia, almoço; à 1 hora, aula de literatura para os de bombordo; entre as 2 e meia e as 3 horas, intervalo; às 3 horas, aula de inglês para todos os alunos; às 4 horas, jantar; entre o final do jantar e as 7 horas, recreação; das 7 às 9 horas, estudo; às 9 horas, desenrolamos e montamos as macas.

Hoje, quinta-feira, malgrado o mau tempo, tivemos uma aula prática de navegação. Passamos, porém, o resto do dia no nosso alojamento, fumando e jogando dominó, damas etc., jogos que nos foram dados pela companhia. O que nos consola é que, apesar da chuva, temos bom vento.

Sexta-feira, 22 de dezembro

Localizamos um navio e tentaremos fazer contato com ele para que possamos remeter nossa correspondência.

Adeus, querida mamãe. Abraço-te ternamente, assim como a papai, a vovó, a meus irmãos e a Jules. Dá notícias minhas a Paul, a Edmond, a minha boa criada e a Sofia. E não deixes de mandar lembranças a meus amigos.

Teu filho respeitoso,
Edouard Manet

Diante da ilha da Madeira,
a bordo do Havre et Guadeloupe,
em 30 de dezembro

Sexta-feira, 22 de dezembro

Querida mamãe,
estávamos de tal modo ocupados esta manhã, lacrando as nossas cartas, que não pude comentar o encontro que tivemos com o navio que mencionei. Logo que o visualizamos, içamos todas as velas. O desgraçado, pensando que estávamos em seu encalço, carregou no pano — desculpa-me, mas trata-se de uma expressão consagrada. Para acalmá-lo, hasteamos o nosso pavilhão, o que deu resultado, pois logo em seguida ele hasteou o dele: era um brigue português, o qual saudamos. Colocamos rapidamente uma chalupa no mar, tripulada por um

tenente e três homens. Presenteamos o capitão do brigue com um queijo da Holanda, dois pães frescos e duas garrafas de conhaque, o que foi motivo de grande contentamento para toda a tripulação. Os desafortunados estavam quase sem víveres. A embarcação vinha de Nova York e navegava há 22 dias, oito dos quais à capa. Seu destino era a cidade do Porto, localizada a 120 léguas de distância.

Sábado, 23

O tempo está bom, mas o vento é contrário. Foi mais um daqueles dias longos!

Domingo, 24

Festejamos muito animadamente o Natal. À meia-noite, organizamos uma ceia extraordinária. O comandante deu-nos seis garrafas de champanhe, quatro bolos da Sabóia e duas caixas de charutos de Havana. Tínhamos ainda um pouco de chocolate, pertencente aos alunos, e outras coisas. Fomos para a cama às quatro horas da manhã, depois de esgotar todo o nosso repertório de canções.

Esqueci de comentar que esta manhã encontramos um pequeno brigue espanhol. Esperamos em vão os cumprimentos devidos dessa embarcação inferior; passamos lado a lado, sem trocarmos qualquer gentileza.

Segunda-feira, 25

Esperamos, em breve, avistar a Madeira. Depois de 18 dias, estamos radiantes de ver terra. Conseguimos, enfim, capturar um atum, um belo peixe. Infelizmente, não posso te dizer que gosto tem, pois ele foi preparado para o estado-maior.

Terça-feira, 26

Hoje fomos obrigados a alterar o nosso curso, o que nos desviou ainda mais da rota; ultrapassamos a altura da costa de Portugal. O clima agora está quase quente: um belo sol nos acompanha, e os dias estão se estendendo até as 6 horas da tarde — e pensar que vocês aí estão em pleno inverno! Ao anoitecer, o mar estava mais fosforescente do que de costume e o navio parecia cortar labaredas de fogo — um espetáculo belíssimo.

Quarta-feira, 27

Que dia magnífico! Ultrapassamos a costa de Portugal. O sol tornou-se mais quente e aproveitamos a manhã para dar banho nos grumetes. Colocamos uma grande cuba com água na ponte e mergulhamos ali os três rapazes que, depois de lustrados com pedra-pomes por um marinheiro, negros que estavam ao entrar, saíram dali brancos como a neve. Esse banho frio forçado, é verdade, não deve ter sido lá muito agradável.

Jantei esta noite na mesa do comandante. O senhor Besson é decididamente um homem encantador e sabe muito bem fazer as honras de sua mesa.

A passagem do ano se aproxima; que felicidade para Eugène e Gustave.[9] Nós, os habitantes do *Havre et Guadeloupe*, só podemos desejar, aqui de longe, um bom ano para todos.

[9] *Os dois irmãos de Manet, ambos mais novos do que ele.*

Quinta-feira, 28

Tivemos um dia magnífico. O mar estava calmo ao ponto de permitir que praticássemos esgrima. O senhor Besson concedeu a um aluno a honra de acompanhá-lo na prática do tiro ao alvo. A bordo, há um mestre de cana. Tomei uma primeira lição com ele hoje e pretendo tornar-me um mestre até o fim da viagem.

Às 4 horas, conseguimos arpoar dois marsuínos.[10] Esses animais, que são enormes e costumam, em bandos de dez ou doze, nadar em

[10] *Peixe-boto, cetáceo pertencente à família dos delfinídeos.*

volta e sobretudo adiante das embarcações, movem-se como raios, tornando muito difícil apanhá-los.

Sexta-feira, 29

Passamos todo o dia aos bordos,[11] sem conseguir uma aproximação da ilha da Madeira.

11 *Navegando em ziguezague.*

Sábado, 30 (4 horas da manhã)

Que noite agitada! À meia-noite ou 1 hora, o marujo que estava de vigia pôs-se a gritar terra, e todo mundo, rapidamente, subiu para a ponte; era Porto Santo. A alguma distância vimos um risco negro; era a Madeira. Alcançaremos a ilha no decorrer do dia.

Que alegria ver terra! Há tanto tempo ansiamos por isso.

Adeus, querida mamãe, abraço-te carinhosamente, bem como a papai, a vovó, a meus irmãos e a Jules. Lembranças minhas a Paul, Edmond etc., e a todos os meus amigos.

P.S. Gostaria que papai fizesse minha inscrição em Paris, pois desejo realizar os exames lá.[12]

Tomara encontrar uma carta tua no Rio de Janeiro.

[12] *Os exames eram para o ingresso na Escola Naval, exames que Manet prestara sem sucesso em 1848 e que voltaria a prestar, em 1850, novamente sem obter bons resultados.*

Diante de Santa Cruz de Tenerife,
a bordo do Havre et Guadeloupe,
em 6 de janeiro de 1849

Sábado à tarde, 30 de dezembro

Querida mamãe,

às 2 horas da manhã, como te contei na última carta, o marinheiro que estava de vigia anunciou terra; aproximamo-nos pouco a pouco e aguardamos o nascer do dia, que nos possibilitou ver a ilha de Porto Santo. Até aproximadamente 4 horas, conseguíamos vê-la a umas quatro ou cinco léguas de distância. É uma ilha montanhosa, rodeada por rochedos e habitada somente por pescadores. A Madeira dista cerca de 25 milhas. Todavia, o vento não é propício e, para alcançá-la, seremos obrigados a alterar nosso curso.

Fiz um desenho da ilha, que te dará uma boa idéia do lugar. A tomada é bastante precisa.

Hoje a pesca foi excelente. O mestre de velas arpoou um marsuíno enorme, que com dificuldade foi içado para a ponte. Trata-se de um peixe extraordinário, com uma boca que parece uma espécie de bico de canário e uma mandíbula guarnecida por uma fileira de pequenos dentes brancos e afiados. A sua carne, consumida frita, tem gosto de carne de vaca e não é de todo ruim.

Domingo, 31 de dezembro

Perdemos toda a esperança de relaxar na Madeira. Passamos o dia bordejando próximo à ilha, mas os ventos estiveram sempre contrários. Às 8 horas da noite, perdemos de vista Porto Santo e ganhamos a costa da África. Estamos desolados, pois contávamos remeter as nossas cartas e adquirir uma boa provisão de laranjas.

Segunda-feira, 1 de janeiro de 1849

É de muito longe, queridos papai e mamãe, que lhes desejo um bom ano e que abraço os dois muito carinhosamente, assim como a vovó e a meus irmãos. Peço-lhes, por favor, que transmitam os meus cumprimentos a Jules, a Paul, a titia, a Edmond e a todos os meus amigos.

Eis como passamos o dia de ano a bordo. Às 6 horas da manhã, os marinheiros desceram ao nosso alojamento e nos acordaram, desejando mil votos de felicidade e trazendo um excelente pastelão de marsuíno, que eles próprios haviam preparado.

Uma vez devidamente vestidos, subimos ao tombadilho para cumprimentar o comandante. Ele mandou servir um vinho da Madeira e conduziu tudo muito bem. Durante o dia, jogamos o *jogo do ganso*, que consiste em, com os olhos vendados, acertar com um sabre a cabeça de um ganso amarrado em uma das vergas; quem arrebatou o prêmio foi um marinheiro. Às 3 horas, nossas brincadeiras foram interrompidas por uma tempestade que chegou subitamente. Rapidamente pusemo-nos à capa, pois a intempérie era daquelas que obrigam a amarrar a barra do leme e a descer para a entrecoberta. Isso, todavia, não nos impediu de aproveitar o final de tarde. Toda a equipagem foi convidada para jantar e recebeu champanhe. Um dos marinheiros, conhecedor de quase todas as óperas e operetas, brindou-nos com diversas delas até as 8 e meia da noite. Fomos todos dormir contentes com as comemorações.

Terça-feira, 2 de janeiro de 1849

Ainda estamos à capa, pois o mar está horrível. É quase impossível trabalhar, tal o balanço do navio. Estamos agora na altura da costa do Marrocos.

Quarta-feira, 3 de janeiro

Finalmente, conseguimos avançar um pouco hoje e estamos mais próximos da rota.

Quinta-feira, 4 de janeiro

O tempo continua bom. Conseguimos avançar, durante todo o dia, a cerca de oito, oito nós e meio por hora e nos aproximamos das Canárias.

Sexta-feira, 5 de janeiro

Esperávamos avistar hoje, por volta das 4 horas, o pico de Tenerife,[13] visível do mar a uma distância de quarenta léguas. O grande e radiante sol, porém, ocultou-o completamente. Impulsionados por uma boa brisa e com todas as velas ao vento, amanhã, por volta das 11 horas, deveremos estar ancorando em Santa Cruz de Tenerife. Lá cuidaremos de enviar nossas cartas e, muito provavelmente, adquiriremos víveres frescos. Deveremos comprar muitas laranjas, que aí se vendem a excelente preço. Pedirei a um marinheiro que compre alguns cachimbos em terra, os quais têm a fama de serem muito bons. Dize a papai, a Edmond e a todos os nossos amigos fumantes que lhes enviarei alguns.

Adeus, querida mamãe, abraço-te carinhosamente, bem como a papai, a meus irmãos e a vovó.

Edouard Manet

13 *O pico de Tenerife, nas ilhas Canárias ou ilhas Afortunadas, como eram conhecidas, desde os tempos dos descobrimentos, é uma referência constante nos relatos de viajantes que cruzaram o Atlântico.*

Sábado, 6 de janeiro de 1849

Querido papai,
mais uma decepção. Depois de passarmos o dia bordejando em frente a Santa Cruz, fomos obrigados a partir sem aí ancorar. Os ventos não deixaram. Pudemos, contudo, ver bastante bem a ilha de Tenerife. O seu conhecido pico, um pedaço de rocha talhado a pique, com seus 110, 130 pés de altura e seu cume coberto de neve, é realmente belo. Santa Cruz, a capital, encontra-se numa enseada. É incomparável a graça dessa pequena cidade de casas brancas, iluminadas pelo sol. Foi com enorme pesar que a vimos gradativamente desaparecer de vista. Enquanto pudemos avistar o pico, pensamos com tristeza em Tenerife. Faz um mês que partimos. Normalmente, costuma-se levar doze dias para realizar tal percurso; o tempo despendido é tanto que

acabaremos por nos transformar em velhos lobos-do-mar.

Por volta das 4 horas da tarde, observamos a presença de uma baleia que nadava a quatro ou cinco metros do navio. É um animal gigantesco, que lança água a uma altura prodigiosa e executa saltos acima da superfície da água, deixando-se ver quase por inteiro.

O comandante está bastante contrariado, pois, como lamentou conosco, tivemos muito pouca sorte com as ilhas.

À 1 hora da tarde, apanhamos os ventos alísios e passamos a navegar a todo o pano, atingindo dez nós por hora. Esperamos, caso continue o bom tempo, alcançar o Rio de Janeiro em 25 dias.

Domingo, 7 de janeiro

Continuamos a ter bom vento e bom tempo. Passamos agora, diariamente, a realizar exercícios com o fuzil. Durante a manhã, entre as 6 e meia e as 8 horas, executamos algumas manobras, arqueando e soltando as velas. O senhor Besson quer que pratiquemos nos navios de guerra ancorados no Rio de Janeiro. Sua meta é transformar-nos em bons gajeiros.

Esta noite, depois do jantar, todo mundo subiu ao tombadilho, e o estado-maior, os alunos e a equipagem, até o último grumete, participaram da divisão do bolo de reis. O negro que temos a bordo encontrou a fava e escolheu como rainha o comandante, que mandou servir-lhe um copo de *kirsch* e presenteou-o com uma caixa de charutos.

Segunda-feira, 8 de janeiro

Às 5 horas da tarde, passamos o Trópico de Câncer. Estamos a cerca de 520 léguas da linha, onde receberemos, segundo dizem, um suntuoso batismo.

Terça-feira, 9 de janeiro

Deparamos com bandos de peixes-voadores,[14] que habitam essas paragens. Pela manhã, um deles caiu sobre a ponte. É um peixe curioso, que tem duas longas asas nas costas e duas menores no ventre. Seu tamanho é o de uma carpa pequena, sendo apenas um pouco mais alongado.

14 *Peixe natural do Atlântico, da família dos exocetídeos, cujas nadadeiras, bastante desenvolvidas, permitem-lhe dar pequenos vôos próximo à superfície da água.*

Quarta-feira, 10 de janeiro

Encontramos hoje dois navios ingleses, dois pequenos brigues. Passamos muito próximo de ambos, mas somente um nos saudou. Tivemos uma tremenda má sorte e não encontramos um único paquete francês que pudesse nos dar notícia da situação em Paris. Estamos muito inquietos e gastamos o tempo cogitando que rumo tomariam os acontecimentos caso fosse nomeado este ou aquele presidente.

O calor começa a se fazer sentir; estamos aqui em pleno verão. O nosso alojamento, a propósito, é absolutamente sufocante.

Quinta-feira, 11 de janeiro

Passamos um dia bastante agradável, malgrado o clima abafado e a absoluta calmaria. Praticamos tiro ao alvo, utilizando como alvo um homem de palha, que amarramos numa verga baixa do tombadilho. O comandante tem uma pontaria extraordinária. Às 5 horas, apanhamos um atum enorme. Abrimos o seu ventre e encontramos aí dois peixes-voadores intactos. Adentramos numa região de tubarões e esperamos capturar um.

Sexta-feira, 12 de janeiro

Navegamos a uma velocidade de nove, dez nós por hora. O calor aumentou muito, em razão do que, às 9 e meia da noite, resolvemos tomar um banho num grande tonel que enchemos com água do mar.

Sábado, 13 de janeiro

O tempo está muito bom, mas o calor é crescente e provoca uma sede constante que o torna insuportável.

Domingo, 14 de janeiro

Enfrentamos hoje uma calmaria daquelas que só se vêem nos trópicos. O Sena, por certo, não tem águas mais mansas. Não sopra uma única brisa e não saímos do lugar. Durante o dia, baixamos uma canoa no mar e fomos passear um pouco; depois entretemo-nos praticando tiro ao alvo.

Segunda-feira, 15 de janeiro

A calmaria continua. Aguardamos uma tempestade que nos retire dessa entediante situação. Podemos permanecer um mês assim se não apanharmos nenhum vento.

Aproveitamos a imobilidade para praticar algumas manobras. Estamos nos tornando muito habilidosos, pois colocamos muito de amor-próprio na execução de tais exercícios, procurando realizá-los o melhor possível.

Terça-feira, 16 de janeiro

Entramos no *pot au noir*[5] e tivemos uma tempestade. Pela manhã, retomamos a rota com a esperança de, em breve, alcançar o Equador. Prepara-se, em segredo, uma festa na passagem da linha.

Quarta-feira, 17 de janeiro

Avistamos dois navios esta manhã. Por volta do meio-dia, um bando de golfinhos passou por nós. Esses peixes são quase tão grandes quanto as baleias e também lançam água a uma elevada altura.

Apanhamos uma ventania apavorante, seguida de uma tempestade própria dos climas quentes.

---

15 *O* pot au noir *ou* doll dreum *é uma área de 300 quilômetros, compreendida entre a África e a América do Sul, conhecida pelas suas condições climáticas adversas. A embarcação pode encontrar aí ventos de até 43 nós ou ficar parada por mais de um mês na calmaria.*

*Quinta-feira e sexta-feira,
18 e 19 de janeiro*

Tivemos, ao longo dos dois dias, tempestades intercaladas com calmarias. Desde a manhã, estamos perseguindo dois tubarões enormes, que se recusam a morder a isca presa ao gato de tornel que lançamos na água.

Sábado, 20 de janeiro

Avistamos oito navios, a uma distância de uma ou duas léguas. É hábito os navios cruzarem a Linha mais ou menos na mesma altura, daí tal encontro.

Domingo e segunda-feira, 21 e 22 de janeiro

Passaremos a Linha amanhã, por isso, hoje, ocorreram as preliminares da festa.[16] Ao meio-dia, um astrólogo, genro do *Pai A Linha*, desceu do mastro principal seguido por seu ajudante, solicitou a presença do comandante no tombadilho, mediu a altura do sol, indicou a rota a tomar e, depois de ter dito umas parvoíces ao comandante, voltou por onde tinha vindo, dizendo que iria perguntar ao *Pai A Linha* se ele autorizaria a embarcação a cruzar os seus domínios e que traria a resposta às 5 horas da tarde.

Com efeito, logo após o jantar, uma chuva de feijões e baldadas de água anunciou, dos cestos da gávea, a presença do mensageiro equinocial, que desta vez trazia como acompanhante um camponês bretão, carregado de ovos, galinhas e

16 *Trata-se da tradicional festa de batismo para aqueles que nunca cruzaram a Linha do Equador.*

filhós. O mensageiro entregou ao comandante uma carta do *Pai A Linha*, que foi lida a todos. A carta dizia que o pai permitia que cruzássemos os seus domínios e que viria a bordo no dia seguinte. Lida a carta, o camponês começou, então, a fazer um sem-número de caretas e a jogar punhados de farinha no comandante, enquanto, entre outras coisas, examinava a sua mercadoria. O mensageiro, por seu lado, distribuía chibatadas pelas pernas de quem se encontrava próximo, chegando a derrubar alguns.

Na manhã do dia 22, fomos proibidos de ir à parte da frente do navio, e uma tenda foi aí armada. Ficamos aguardando com muita impaciência. Fomos, então, colocados em fila no tombadilho e logo escutamos o barulho de um sino: era a missa que ia começar. A procissão, enfim, pôs-se a andar: à cabeça vinha um suíço,[17] depois um padre, um menino de coro, o *Pai A Linha* e sua

17 *Empregado encarregado de policiar uma igreja e de preceder o clero nas procissões.*

esposa — todos extremamente paramentados —, o deus Netuno, um barbeiro, dois guardas e, finalmente, o diabo e seu filho. A procissão seguiu pelo tombadilho; o *Pai A Linha* cumprimentou o capitão e apresentou-lhe a sua cara-metade. Em seguida, o padre fez um sermão muito engraçado e batizou dois botes que ainda não tinham atravessado a Linha. A procissão entrou novamente sob a tenda e os guardas vieram buscar, um a um, os pacientes.

O batismo consiste no seguinte: o indivíduo é levado ao altar, onde se confessa; o padre exorta-o a prestar inúmeros juramentos e comunga-o. Passa-se, então, para as mãos do barbeiro, que lambuza com tinta a cara e o pescoço do indivíduo e, depois, raspa-o com uma *lâmina* de madeira de dois pés de comprimento. E isso não é tudo. Um homem pede que o batizado se lave numa grande terrina de água, colocada próximo ao altar. Eu, que nem suspeitava da farsa, não me fiz de rogado. O tal homem agarrou-me, então, pelas pernas e meteu-me de cabeça na água por diversas vezes. Após tamanho suplício, o indivíduo julga que já passou por todas as provações, mas engana-se. Mal são dados dois passos fora da tenda, e cai-se nos braços do diabo — que não era outro senão o nosso negro. O diabo, com sua cauda embebida de numa substância negra, lambuza o indivíduo da cabeça aos pés. Uma vez batizada, cada pessoa pega um balde e se dá início a uma batalha de água, na qual todos tomam parte: o comandante, os professores etc. Dubois foi dos mais aporrinhados: lambuzamos o pobre coitado da cabeça aos pés; isso para não falar nas incontáveis baldadas de água que tomou e que o deixaram furioso. Finalmente, o festim termina e chega a hora de cada um se lavar. Estávamos todos negros da cintura para cima e fomos obrigados a nos esfregar, por 2 horas, com sebo derretido, que tem um cheiro insuportável.

O resto do dia correu bem. Tive licença, e o jantar estava melhor que o habitual. Enfim, tornamo-nos marinheiros, passamos a Linha. Coisa que, é bom lembrar, muitos capitães de navio nunca fizeram.

Terça-feira, 23 de janeiro

Apanhamos um bom vento e esperamos estar no Rio de Janeiro dentro de 15 dias.

Terça-feira, 30 de janeiro

Há dois ou três dias, trabalhamos na reforma do navio. Queremos chegar ao Rio de Janeiro nas melhores condições possíveis. Tal luxo vai nos causar algum atraso, pois teremos de fazer um desvio para não chegar ao porto antes de estar tudo devidamente embelezado.

Volto a lembrar-te, querido papai, de que desejo prestar meus exames em Paris; penso que é o melhor a fazer, pois não gostaria de prestá-los na província. Ademais, todos os meus camaradas devem optar por Paris.

De 31 de janeiro a 4 de fevereiro

Ontem, dia 4, ancoramos em frente ao Rio de Janeiro. Esperamos, para amanhã, uma brisa favorável que nos permita entrar no porto[18] — a entrada só é autorizada entre 1 e 6 horas da tarde. Estamos todos, asseguro-te, muito impacientes.

Na baía do Rio de Janeiro, em 5 de fevereiro de 1849

Querida mamãe,
Finalmente, depois de dois meses de mar e de tempo muito ruim, fundeamos na baía do Rio de Janeiro. Ao entrarmos, às 3 horas da tarde, passamos por um primeiro forte que nos chamou à

18 — *O* Havre et Guadeloupe *entrou na baía de Guanabara no dia 5 de fevereiro, às 3 horas da tarde. Na sessão* Avisos Marítimos, *do* Jornal do Commercio *do dia 6 de fevereiro, foi publicada a seguinte nota:* Havre — 58 dias — Galera francesa *Havre et Guadeloupe*, 316 toneladas, M. Besson, com 70 homens de equipagem; carga vários gêneros da Kuenzi & Comp.

fala, porém, não conseguimos entender nada do que nos perguntavam. O segundo forte também nos deteve, disparando um tiro de canhão de advertência. Como continuávamos sem entender o que perguntavam, seguimos adiante, mas fomos detidos por um segundo disparo. Resolvemos, então, fundear em frente a esse forte, atitude bastante sábia de nossa parte, pois ele estava em vias de disparar um terceiro tiro, desta vez com bala. Uma vez ancorados, veio a bordo um oficial da saúde e, logo em seguida, um oficial da capitania do porto e um representante da alfândega, que deixou um de seus homens na embarcação para impedir que desembarcássemos as mercadorias antes de uma vistoria.

Cumpridas todas essas formalidades, pude, enfim, lançar uma vista de olhos pelo que me rodeava, o que passo agora a relatar-lhe. A baía do Rio de Janeiro é encantadora, povoada de navios de guerra de todas as nações e cercada por montanhas verdes, nas quais se notam, aqui e ali, belas habitações. Mal havíamos lançado âncora, vimo-nos rodeados por diversas embarcações de terra, tripuladas por negros, que vinham especular se queríamos desembarcar. Nada posso dizer ainda sobre a cidade do Rio de Janeiro, pois não devemos pôr o pé em terra antes de segunda-feira. Nossas cartas partirão amanhã, às 4 horas da madrugada.

O comandante desembarcou esta tarde e trouxe de lá uma dezena de cartas. Estava certo de que receberia uma carta tua, mas não tive essa sorte. O senhor Cor, certamente, não indicou a papai as ocasiões favoráveis.[19]

Adeus, querida mamãe, abraço-te com carinho, assim como a papai, a vovó, a meus irmãos, a Jules, a titia, a Edmond etc. Manda lembranças minhas à querida amiga senhora Baudoin, bem como a Sophie e à minha criada.

19 – *Ocasiões favoráveis para o envio das cartas.*

PÁGINAS 70 E 71:
CHARLES J. MARTIN
Igreja de Nossa Senhora da Glória do Outeiro, *1848*, *óleo sobre tela, Museus Castro Maya / IPHAN / MinC, Rio de Janeiro.*

Estou me saindo muito bem no meu ofício. Felizmente, por dois meses, estaremos livres das pequenas misérias que povoam o dia-a-dia do marinheiro aprendiz. Vamos, agora, poder beber água fresca e comer algo mais do que carne salgada.

Do porto do Rio de Janeiro

Querida mamãe,

contei-te na minha última carta que tínhamos chegado ao Rio de Janeiro. A baía, como disse, é encantadora. Tivemos, enfim, condições de apreciá-la devidamente, pois pudemos desembarcar no domingo seguinte. O tempo de espera pareceu-nos bastante longo, sobretudo porque o comandante, os oficiais e o passageiro — de quem me tornei amigo íntimo — desembarcavam a todo instante, aguçando ainda mais o nosso desejo de colocar os pés em terra firme. Todos enviaram suas cartas de recomendação; enviei aquela que me deu Reboul. No domingo após a missa, missa que havia sido proferida a bordo, desembarquei em companhia do senhor Jules Lacarrière, um rapaz da minha idade. Ele conduziu-me à residência de sua mãe, uma modista da rua do Ouvidor, que possui uma pequena casa de campo, bem brasileira, a cinco minutos da cidade. Almocei e jantei em companhia de sua família, que é formada pelo filho mais velho, por um rapazote e por uma filha de 13 anos. Fui recebido por todos de braços abertos. Melhor, impossível!

Após o almoço, eu e meu novo amigo saímos para percorrer a cidade, que é de tamanho considerável, mas conta com ruas muito estreitas. Para um europeu com o mínimo de senso artístico, o Rio de Janeiro tem um aspecto bastante

PÁGINAS 74 E 75: CHARLES RIBEYROLLES [texto] Brazil Pittoresco. Album de vistas, panoramas, paisagens, monumentos, costumes [...] photographados por Victor Frond, lithografados pelos primeiros artistas de Paris [...]. *Paris, Lemercier Imprimeur-lithographe, 1861, Biblioteca Guita e José Mindlin, São Paulo.*

peculiar. Pelas ruas vêem-se somente negros e negras, pois os brasileiros saem pouco, e as brasileiras, menos ainda. As mulheres podem ser vistas somente quando vão à missa ou depois do jantar, ao entardecer, quando aparecem nas suas janelas. Nessas ocasiões, é possível olhá-las sem nenhum impedimento. Durante o dia, ao contrário, se por acaso alguma delas é avistada na janela e percebe que está sendo observada, imediatamente se retira.

Neste país, todos os negros são escravos[20] e têm um aspecto embrutecido. O poder que os brancos exercem sobre eles é extraordinário. Tive a oportunidade de visitar um mercado de escravos: espetáculo bastante revoltante para nós. Os negros vestem, em geral, uma calça e, por vezes, uma blusa curta de pano grosseiro, não lhes sendo permitido, dada a sua condição de escravos, o uso de sapatos. As negras andam nuas da cintura para

20 *Obviamente que se trata de um equívoco de Manet. Em 1849, segundo levantamento realizado por Roberto Jorge Haddock Lobo, o Rio de Janeiro contava 266.466 habitantes, 155.864 dos quais livres ou libertos.*

cima, portando algumas vezes um lenço atado ao pescoço, que cai sobre o peito. Em geral são feias, ainda que tenha visto algumas bem bonitas. A maioria se arruma com muito gosto: umas usam turbantes, outras arranjam os cabelos crespos com muita arte e todas vestem umas saias decoradas com enormes folhos.

As brasileiras são, em geral, muito bonitas. Seus olhos e cabelos são magnificamente negros. Todas penteiam-se à chinesa, saem às ruas descobertas[21] e, tal como nas colônias espanholas, vestem-se com uma roupa muito leve, que não estamos acostumados a ver. As mulheres aqui nunca saem sós, mas sempre acompanhadas de suas negras ou de seus filhos, já que se casam com 14 anos ou menos. Visitei várias igrejas. Nenhuma delas é comparável às nossas: são cobertas de dourado e totalmente iluminadas, mas sem qualquer gosto. Há, na cidade, diversos conventos, entre os quais um

21 ⇢ *Desprovidas de mantilhas ou véus.*

Joaquim Lopes de Barros Cabral
Quitandeira – nº 9, *circa 1840-1841, litografia aquarelada,
Coleção Gilberto Ferrez, Rio de Janeiro.*

Joaquim Lopes de Barros Cabral
Preta de Ballas – nº 21, *circa 1840-1841, litografia aquarelada,
Coleção Gilberto Ferrez, Rio de Janeiro.*

convento italiano, onde os religiosos usam capuz e uma longa barba. Nesta cidade, utiliza-se somente papel-moeda ou moedas de cobre, e tudo é terrivelmente caro.

As brasileiras do Rio fazem-se transportar em palanquins, mas há também carros e ônibus puxados por mulas, que aqui fazem as vezes dos cavalos. Ia me esquecendo de comentar que o palácio do imperador é um verdadeiro casebre, bastante mesquinho. De resto, o governante quase não ocupa esse prédio, preferindo antes residir num castelo de nome São Cristóvão, situado a pouca distância da cidade.

A milícia local chega a ser cômica; os brasileiros contam também com uma guarda nacional. A lei do recrutamento forçado existe neste país e atualmente está em vigor, pois houve tumultos na Bahia e tropas estão continuamente sendo enviadas para lá.[22]

22 *A revolta a que se refere Manet, que ficaria conhecida como Revolução Praieira, não estava ocorrendo na Bahia e sim em Pernambuco.*

FREDERICO GUILHERME BRIGGS Going to Mass (Cadeirinha), *circa 1845-1853, litografia aquarelada, Coleção Gilberto Ferrez, Rio de Janeiro.*

Gostaria que escrevesses uma carta muito amável à senhora que me hospeda, agradecendo-lhe pela maneira como me recebeu. Todos os domingos a família me leva para passear. Não te rales com a sua condição de modista. Trata-se de uma pessoa de primeira linha, e seu filho, um rapaz encantador, é aluno da Pension Jouffroy e, asseguro-te, mais bem-educado do que muitos jovens do nosso meio. Confesso que, no meu primeiro domingo em terra, me pareceu esquisito ficar hospedado numa loja, mas agora já estou acostumado. Caso vejas o Reboul, agradece-lhe em meu nome e dize-lhe que levarei, ao retornar, uma carta de seu amigo.

Ainda não ouvi falar do senhor Pinto, mas já tenho o seu endereço. É português e irei visitá-lo um dia desses. Se, por acaso, me enviar uma carta aos cuidados desse senhor — creio que papai tenciona fazê-lo —, toma o cuidado de colocar o seguinte: Manuel Ferreira Pinto, 39, rua Direita, porque todos os portugueses desta cidade atendem pelo nome de Pinto.

Enfrentamos, atualmente, chuvas medonhas, chuvas que caem quatro, cinco dias ininterruptamente; e não há nada mais aborrecido do que chuva a bordo. Não encontramos um único professor de desenho no Rio de Janeiro, e o comandante pediu que eu me encarregasse de ministrar as lições aos meus camaradas. Eis-me, pois, erigido em professor de desenho. Devo dizer que, no decorrer da travessia, conquistei uma boa reputação, a ponto de todos os oficiais e professores me pedirem que lhes fizesse as caricaturas. Até mesmo o comandante me pediu que fizesse a sua como lembrança de boas-festas. Felizmente, saí-me bem e contentei a todos.

Todas as quintas-feiras, temos saído às 4 horas da manhã e embarcado em direção à margem da baía oposta à cidade, onde realizamos excursões pelo campo, tomamos banho, almoçamos e jantamos.[23] Levamos conosco um cozinheiro, um despenseiro e todo tipo de provisões. Os passeios são encantadores, desfrutamos da mais bela natureza que se pode imaginar e temos à mão tantas frutas quanto desejamos. Diariamente, uma chalupa de terra vem a bordo carregada de bananas, laranjas, ananases etc; e tudo a excelentes preços.

23 — *Provavelmente o local é Jurujuba, segundo Agripino Grieco.*

O carnaval do Rio tem características muito especiais. No domingo gordo, durante todo o dia, passeei pela cidade. Às 3 horas da tarde, todas as mulheres brasileiras saem ou às janelas ou aos balcões de suas casas e atiram, em todos os homens que passam pela rua, umas bolas de cera coloridas, a que dão o nome de *limões*.[24] Em várias ruas por onde passei, seguindo o costume do país, fui atacado. Trazia os meus bolsos cheios desses limões e respondi da melhor maneira possível aos assaltos, o que é muito apreciado. Tal brincadeira dura até as 6 horas da tarde, quando tudo volta à perfeita ordem. Começa, então, um baile de máscaras, copiado dos nossos bailes da Ópera; baile onde somente os franceses se destacam.

Fizemos, na terça-feira gorda, um passeio delicioso. Fomos conduzidos numa longa excursão pela região, que tenho apreciado cada vez mais. Infelizmente, há no lugar uma enorme quanti-

24 – Limões de cheiro, *como eram então conhecidos.*

PÁGINA AO LADO:
BARÃO VON PLANITZ
Vista da cidade de S. Sebastião do Rio de Janeiro tirada da ilha das Cobras, *1840, litografia aquarelada, Fundação Bilioteca Nacional, Rio de Janeiro.*

PÁGINAS 86 E 87:
RAFAEL MENDES
DE CARVALHO
*O jogo do entrudo,
1840, litografia
levemente colorida,
Coleção Gilberto
Ferrez, Rio
de Janeiro.*

dade de cobras e, ao caminhar pelo mato, é necessário estar constantemente em alerta. Pude, nessa ocasião, ver lindos beija-flores.

No sábado, dia 24, recebi tua carta, querida mamãe. Fiquei bastante contente, pois há muito não tinha notícias tuas. Acabo de passar três dias no campo, em companhia de três solteirões e de três camaradas. Fomos à caça pelos verdes bosques daqui etc.

Adeus, querida mamãe. Encerro esta carta, pois vai partir um paquete inglês. Abraço-te ternamente, assim como a papai, a meus irmãos, a vovó, a Jules etc. Manda lembranças minhas a titia, a Edmond e a Marie.

Teu filho respeitoso,
Edouard Manet

Do porto do Rio de Janeiro,
segunda-feira, 26 de fevereiro

Meu querido primo Jules,

tua carta trouxe-me muita alegria; eu estava mesmo aguardando-a. Penso, como tu, que quem está longe dos seus aprecia muito essas pequenas demonstrações de apreço. Mas conseguirás decifrar os meus rabiscos, as minhas impressões? Confesso que, nos primeiros tempos, tudo me pareceu muito difícil e cheguei a pensar que as dificuldades ocasionadas pelo mau tempo e pela doença tinham definitivamente me incompatibilizado com a vida de marinheiro. Disse a mim mesmo mais de uma vez: *que diabo estou fazendo nesta galera?* Os dias ruins, porém, ficaram para trás e hoje somos todos marinheiros aguerridos. O Rio de Janeiro fez-nos esquecer os pequenos aborrecimentos, a brutalidade com que habitualmente éramos tratados e as reiteradas explosões de cólera de um comandante déspota.

Passando, caro amigo, ao Rio de Janeiro, mais não farei do que repetir o que já contei a mamãe. A cidade, ainda que feia, tem, aos olhos de um artista, um caráter particular. Cerca de três quartos da população são compostos por negros e mestiços, os quais são muito feios, salvo exceções encontradas entre as negras e as mulatas. As mulatas, a bem da verdade, são quase todas bonitas.

No Rio, todos os negros são escravos e o trato[25] é aí vigoroso. Quanto aos brasileiros, são preguiçosos e parecem não ter muita energia. No tocante às brasileiras, são muito distintas e não merecem a reputação de levianas que têm na França. Ninguém pode ser mais recatada e mais tola do que uma brasileira. São mulheres que quase não saem às ruas e com as quais só é pos-

25 — *Tráfico negreiro.*

FREDERICO
GUILHERME
BRIGGS
Coffee Carriers
(Carregadores
de Café),
*circa 1845-1853,
litografia aquarelada,
Coleção Gilberto
Ferrez, Rio
de Janeiro.*

sível flertar livremente às 5 horas da tarde, quando se metem todas à janela.

O carnaval decorre aqui de uma maneira bem engraçada. Fui, como todos, vítima e algoz. Por volta das 3 horas da tarde, as mulheres da cidade posicionam-se nas suas janelas e atiram *limões* — bolas de cera cheias de água — em todos os homens que passam pela rua. Os tais limões, quando atingem o seu alvo, partem-se e deixam o indivíduo encharcado. É permitido aos homens revidarem. Eu, de minha parte, fiz pleno uso de tal direito. À noite, tem lugar um baile de máscaras à maneira parisiense.

Os arredores da cidade são incomparavelmente bonitos, nunca vi uma natureza tão bela. Ontem, em companhia de alguns solteirões, fiz um passeio por uma ilha situada no fundo da baía.[26] Divertimo-nos deveras. A casa em que nos hospedamos por três dias é encantadora e tipicamente *crioula*. Excursionamos por uma floresta virgem. É uma experiência interessante, exceto pelas cobras, que tornam o passeio menos prazeroso.

Procurei dois correspondentes, um dos quais, recentemente. Ambos receberam-me muitíssimo bem. Vão acabar me estragando!

Agora que já conheço o Rio a fundo, anseio ardentemente retornar à França e, o mais cedo pos-

26 *Provavelmente, na ilha de Paquetá.*

VIAGEM AO RIO

WILLIAM GORE OUSELEY
Entrance of harbour from Larangeiras, *1852, litografia, Coleção Maria Cecília e Paulo Fontainha Geyer / Museu Imperial / IPHAN / MinC, Petrópolis.*

sível, reencontrar os meus. Talvez visitemos ainda a Bahia ou um outro porto qualquer da costa.

Por que esta mudança de residência? Isso me surpreende. Os teus receios de perder o emprego são reais? E o que me dizes, como *grande conhecedor de política*, da nomeação de Luís Napoleão? Espero que não o nomeiem imperador, seria demasiado cômico.

E o pobre Eugène, que anda meio desanimado! Que rapaz esquisito, chego mesmo a surpreender-me com ele. Logo este ano, quando ele tinha tudo tão bem organizado! Creio que o início do estudo das matemáticas pareceu-lhe demasiado árduo e entediante. Gustave, pelo que parece, tornou-se aplicado.

Gostaria de continuar a conversa, mas estão nos apressando, pois as cartas serão levadas por um paquete inglês que parte às 3 horas. Fomos avisados da partida em cima da hora.

Adeus, querido primo. Manda lembranças minhas a nossos amigos, especialmente a Jules Munich. Quando o vires, manda-lhe também lembranças da parte do jovem Crémieux, um de meus amigos.

Teu amigo dedicado,
Edouard Manet

Na baía do Rio de Janeiro,
a bordo do Havre et Guadeloupe,
em 11 de março de 1849

Meu querido irmão Eugène,
aproveito a partida de um navio com destino ao Havre para escrever-te umas poucas linhas. Sei que uma carta minha te causará tanta alegria quanto uma carta tua causaria a mim. Estamos

quase no fim da nossa campanha. Deixaremos o Rio de Janeiro no dia 10 de abril, levando conosco oito passageiros e doze novos alunos brasileiros. Asseguro-te de que ficarei muito feliz quando vir o porto de Havre novamente, ainda que já tenha me acostumado de tal modo com a vida no mar que estou com a sensação de sempre ter vivido num navio. A carreira marítima agrada-me muito, malgrado os numerosos inconvenientes. Por sorte dos alunos, a aprendizagem exigiu muito de todos, pois, a partir do terceiro dia de navegação, tivemos um tempo horrível até Tenerife, tempestades etc., e executamos em dois meses uma travessia que normalmente leva quarenta dias.

E veja bem, estou mais enfastiado no Rio de Janeiro do que estava no mar. É duro ver a terra diante de si e só poder nela desembarcar às quintas-feiras e aos domingos. Até o momento em que te escrevo esta carta, já lá vão duas semanas que não deixo o navio. Durante um passeio que fiz pelo campo, com algumas pessoas da cidade, fui picado por um réptil qualquer e meu pé ficou horrivelmente inchado. Passei por um verdadeiro martírio, mas agora estou melhor. Quanto a este belo país da América, prefiro nem comentar, pois, não obstante sua bela natureza, chove continuamente, por vezes chuvas prolongadas que duram quatro, cinco dias. Em poucas palavras, não estou encantado com a minha estada neste porto. Fui atormentado, brutalizado e, mais de uma vez já pensei em *dar uma guinada* — pergunta a Paul o que isso significa.

Há muitos franceses no Rio de Janeiro, o que não torna muito difícil se fazer entender. Quanto aos portugueses e brasileiros, são gente mole, lenta e, creio, pouco hospitaleira. Pela rua só se vêem negros escravos, que constituem mais de três quartos da população da cidade.

FREDERICO
GUILHERME
BRIGGS
Punishments
(Castigos),
circa 1845-1853,
*litografia
aquarelada*,
*Coleção Gilberto
Ferrez, Rio
de Janeiro.*

Não espero me matricular este ano. Fica-se mais atrapalhado a bordo de um navio do que em terra, e essa medida estúpida que tomaram torna a entrada na escola quase *inabordável*.

Pelo que me conta mamãe na sua carta, as matemáticas causaram-te um certo desgosto. Não desanimes! Os começos são difíceis para todos. Encarrego-te de mandar lembranças minhas aos amigos do Colégio Rollin e de lhes dar por mim bons apertos de mão.

Espero, no meu retorno, encontrar Edmond no St. Cyrien. O primo querido trabalhou duro? Teve ele, neste inverno, todos os prazeres que esperava? O pai deu-lhe permissão para ir ao baile da Ópera? Pensei nele durante os dias de carnaval. Nosso carnaval, a propósito, não foi muito divertido. Tu leste na carta de mamãe acerca do estranho costume local de lançar bolas cheias de água. Eis, pois, como transcorrem os três dias.

Fala-se muito de nós na cidade. Apareceu, recentemente, num jornal local,[27] um artigo sobre o navio-escola francês, no qual muitos elogios foram feitos aos alunos e professores.

Tornamo-nos hábeis nas manobras a bordo. Ferramos as velas, se não melhor, ao menos tão bem

27 Jornal do Commercio, *edição de 1 de março de 1849.*

quanto os navios de guerra ancorados próximos a nós, pelo que temos recebido cumprimentos.

Jules escreveu-me, como deves saber, e contou-me que vai deixar a rua Guénegaud. Ele não parecia estar bem lá? Espero, a despeito de Luís Napoleão, encontrá-lo, ao retornar, *substituto*.[28]

Há, atualmente, no Rio de Janeiro uma grande agitação. Foram descobertas minas consideráveis na Califórnia,[29] uma região nova. Todos os navios se dirigem para lá. Uma garrafa de cerveja é aí vendida a 150 francos, e o resto segue a mesma escala de valores. As tripulações dos navios e até mesmo os seus capitães desertam para ir rumo ao interior, procurar ouro. É inacreditável! As coisas necessárias ao dia-a-dia são vendidas a preços exorbitantes, tamanha a quantidade desse metal. É uma ocasião única para se fazer fortuna.

Fui recentemente ao teatro[30] português. Nada pode ser mais enfadonho e imbecil. Assisti a um

---

[28] *Juiz ou Procurador substituto.*

[29] *A descoberta de ouro na Califórnia foi amplamente divulgada pelos jornais brasileiros da época.*

[30] *O teatro era o São Januário, que mantinha então em cartaz a Companhia Ravel, dirigida por Carlos Winter.*

Louis Lebreton
Panorama feito próximo a Villegaignon, *circa 1850-1855, litografia aquarelada, Coleção Maria Cecília e Paulo Fontainha Geyer / Museu Imperial / IPHAN / MinC, Petrópolis.*

espetáculo de dança sobre a corda bamba muito mal executado. É costume pagar ao sair, mas, infelizmente, não é possível deixar de pagar quando o espetáculo não agrada.

Quando fores à casa de senhora Baudoin, manda lembranças minhas a ela e muitas recomendações ao grandalhão do Jules e, caso o encontres por lá, ao Le Hellaco.

Espero levar-te um macaco que me prometeram. Todas as vezes que vou caminhar em algum bosque ou floresta virgem, penso em papai e ponho-me a procurar paus para bengala. Já arranjei algumas madeiras razoáveis.

Caso, durante as aulas, encontres meu amigo Caqué, manda lembranças minhas.

Adeus, meu querido Eugène, abraça por mim a mamãe, a papai, a vovó e a Gustave. Recomendações a Jules, a Paul, a Edmond, a titia e a Marie.

Teu irmão dedicado,
Edouard Manet

Terça-feira, devem celebrar, na cidade, o nascimento da imperatriz do Brasil. Prometem-nos grandes festejos.

No porto do Rio de Janeiro,
a bordo do Havre et Guadeloupe,
em 22 de março de 1849

Querido papai,

pensei que a carta remetida a Eugène seria a última que escreveria, mas apareceu uma oportunidade e não quero perder nenhuma ocasião para enviar notícias.

Dissestes que recebi três cartas tuas e que tu ainda não tinhas recebido nenhuma minha. Isso me espanta, pois, no dia 21 de dezembro, na altura do Porto, na costa de Portugal, remetemos algumas cartas por meio de um brigue que encontramos.

Deixamos o ancoradouro e, hoje, encostamos no porto para carregar. Devemos embarcar de 2.500 a 3.000 sacas de café.

Há atualmente, no Rio, festas religiosas todos os dias, festas muito concorridas numa cidade que conta com grande número de frades.

E então, houve novos sobressaltos em Paris? Tratem de conservar para a minha volta uma boa República, pois receio que Luís Napoleão não seja muito republicano.

Acaba de desembarcar no Rio um amigo do senhor R., o senhor Guillemot, encarregado de negócios em Montevidéu. Ele está retornando para a França e, talvez, viaje no *Havre et Guadeloupe*. Paul, como deves lembrar, tencionava escrever uma carta recomendando-me a ele.

AUGUST MÜLLER
Rio de Janeiro visto da ilha das Cobras, *circa 1835-1840*, óleo sobre tela, Coleção Maria Cecília e Paulo Fontainha Geyer / Museu Imperial / IPHAN / MinC, Petrópolis.

Foi com preocupação que soube da indisposição de vovó. Por sorte, ela está melhor agora; esperemos que essa melhora dure.

As cartas de Eugène e Edmond deixaram-me muito contente. Durante as horas vagas, li e reli as cartas de vocês.

Adeus, querido papai, dá um abraço por mim em mamãe e em todos os demais. Devo terminar minha carta, pois vou remetê-la. Estou em serviço hoje e fui pego de surpresa.

Teu filho respeitoso,
Edouard Manet

Desenhos de
Edouard Manet
a bordo do veleiro
Havre et Guadeloupe
1848-1849

Conforme reproduzidos
na edição de 1928
de Louis Rouart et fils,
em Paris

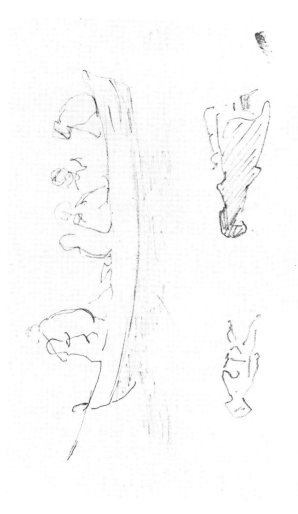

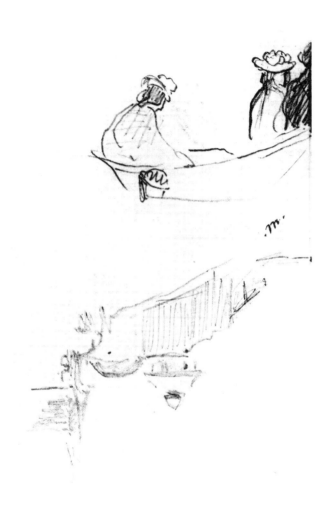

Edouard Manet
Portrait de M. et Mme. Auguste Manet, *1860*,
óleo sobre tela, Musée d'Orsay, Paris.

Cronologia

1832 — Nasce, em Paris, a 23 de janeiro, Edouard Manet, o primogênito do casal Auguste Manet — um importante magistrado — e Eugénie-Désirée Fournier.

1838-1841 — Manet realiza seus estudos primários num colégio jesuíta dos subúrbios de Paris.

1841-1848 — Freqüenta, na qualidade de aluno interno, o curso de Humanidades do prestigiado Colègge Rollin.

1848 — É reprovado no exame de admissão da Escola Naval e embarca no *Havre et Guadeloupe*.

1849-1850 — Regressa à França e presta as provas de admissão da Escola Naval, mais uma vez sem sucesso.

1850 — Matricula-se no curso de pintura de Thomas Couture, com quem, desde cedo, passa a ter inúmeros desentendimentos.

1860 — O quadro *O bebedor de absinto* é recusado pelo Salão da Sociedade dos Artistas Franceses.

1861 — O quadro *O cantor espanhol* obtém menção honrosa no mesmo Salão.

1862 ~ O polêmico *Almoço sobre a relva* é recusado nesse Salão e acaba exposto no Salão dos Recusados, onde chama muito a atenção da crítica e do público.

1862 ~ Manet casa-se com a holandesa Susanne Leehoff, com quem vivia desde 1850.

1865 ~ A apresentação dos quadros *Olympia* e *Jesus insultado pelos soldados* causa um escândalo enorme, e Manet, massacrado pela crítica e pelo público, viaja para a Espanha.

1867 ~ Seus quadros são recusados pelo júri da Exposição Universal.

1867 ~ Expõe em Bruxelas com relativo sucesso.

1871 ~ Faz, para Durand-Ruel, sua primeira grande venda de quadros.

1873 ~ O quadro *Le Bom Bock*, retrato do gravador Émile Dellot, faz grande sucesso entre os críticos e o público do Salão da Sociedade.

1874 ~ Tem lugar a primeira grande exposição coletiva dos artistas impressionistas.

1882 ~ O pintor recebe, graças à influência de Antonin Proust, então ministro das Artes, a Legião de Honra.

1883 ~ No dia 30 de abril, Manet morre vítima de uma infecção no pé, desencadeada por uma antiga ferida mal curada.

1884 ~ A exposição póstuma de suas obras na Escola Nacional de Belas-Artes de Paris tem grande repercussão, e o contributo de Manet para a arte contemporânea começa a ser reconhecido pela crítica.

Indicações bibliográficas

A bibliografia a seguir inclui uns poucos títulos sobre a visita de Manet ao Rio de Janeiro e quatro narrativas de viajantes franceses que passaram pela cidade no mesmo período (Suzannet, Itier, Dabadie e Lavollée). Com ela, não se pretende, nem de longe, oferecer uma introdução à obra do pintor Manet, mas apenas permitir que o leitor interessado em relatos de viagem possa melhor localizar historicamente a passagem do jovem marinheiro pela capital do Império e confrontar seu relato com o de outros visitantes.

BENTO, Antônio. *Manet no Brasil*. Rio de Janeiro: Ministério da Educação e Saúde — Serviço de Documentação, 1949.

DURET, Théodore. *Histoire d'Edouard Manet et de son oeuvre*. Paris: H. Floury, 1902.

DABADIE, F. *À travers l'Amérique du Sud*. Paris: Ferdinand Sartorius, 1858, pp. 1-78.

FLAMENT, Albert. "Edouard Manet: Le roman de sa jeunesse". In: *Revue de Paris*. Ano 35, t. I, 1828, pp. 356-384.

GRIECO, Agripino. "O maior de nossos pintores — vivos e mortos". In: *Obras completas de Agripino Grieco*. Rio de Janeiro: José Olympio Editora, 1947.

ITIER, Jules. *Journal d'un Voyage en Chine en 1843, 1844, 1845, 1846 par Jules Itier*. Paris: Dauvin et Fontaine, 1848, v. I, pp. 45-100.

LAVOLLÉE, Charles Humbert. *Voyage en Chine... (1843-1846)*. Paris: Just Rouvier et A. Ledoyen, 1852, pp. 18-43.

PROUST, Antonin. *Edouard Manet*. Paris: Henry Laurens, 1913.

SUZANNET, Conde de. *O Brasil em 1845*. Tradução de Márcia de Moura Castro. Rio de Janeiro: Livraria Editora da Casa do Estudante do Brasil, 1957, pp. 20-68.

TAUNAY, Afonso d'Escragnolle. *No Rio de Janeiro de D. Pedro II*. Rio de Janeiro: Livraria Agir Editora, 1947.

Composto em caracteres Adobe Caslon 11/18 pt,
desenhados por Carol Twombly em 1992.
Impresso em janeiro de 2008 sobre
papel Pólen Print 120g/m²
pela Yangraf para a
Editora José
Olympio.

CIP-Brasil. Catalogação-na-fonte
Sindicato Nacional dos Editores de Livros, RJ

M24v Manet, Edouard, 1832-1883
Viagem ao Rio : cartas da juventude, (1848-1849) / Edouard Manet ; tradução e apresentação Jean Marcel Carvalho França. – 2ª ed. – Rio de Janeiro : José Olympio, 2008.

Tradução de: Lettres de jeunesse (1848-1849) : Voyage a Rio
Inclui bibliografia
ISBN 978-85-03-00720-7

1. Manet, Edouard, 1832-1883 – Correspondência. 2. Manet, Edouard, 1832-1883 – Viagens – Rio de Janeiro (RJ). 3. Rio de Janeiro (RJ) – Descrições e viagens.

08-0427

CDD – 759.4
CDU – 75 (44)

Este livro, publicado no âmbito do programa de participação à publicação, contou com o apoio do Ministério francês das Relações Exteriores.